「特別支援教育」のための
園や学校、家庭などでの
取り組み教材

心理学とセラピーから生まれた

発達促進ドリル⑩

手引き

―発達につまずきを持つ子のために―

編・著／湯汲 英史

（早稲田大学 客員教授／言語聴覚士）

JN132453

発 行／すずき出版

発刊にあたって

はじめに ◇◇◇◇◇◇◇◇◇◇◇◇◇◇◇◇◇◇

「子どもの発達は拘束されている」といわれます。

歩くことも話すこともできずに生まれてきた赤ちゃんが、1歳を過ぎた頃から歩けたり、話せたりするようになります。運動の発達では、両足で跳べるのが2歳、スキップができるのが4歳となっています。ことばの面も、1歳は単語、2歳は二語文、3歳になると三語文をまねして言え、5〜6歳では文字の読み書きができるようになります。

例えばある子が"ぼくは歩くのは後でいいから、お絵描きが先に上手になりたい"と思っても、特別のことがない限りそれはできないようになっています。"自分の思うようには進めない、成長できない"だから「発達は拘束されている」と表現されます。

子どもの中には、自然に次々と進むはずの発達が、スムーズにいかない子がいます。遅れがちな子もいます。どうしてそうなのか、はっきりとした原因は分かっていません。

ただ、このような子たちへのさまざまな試みの中で、発達を促すために指導や教育が必要なことが分かってきました。そして、指導や教育が一定の効果をあげることも明らかになってきました。

この『発達促進ドリル』シリーズは、発達心理学、認知心理学などの知見をもとに作られました。特に、実際に発達につまずきを持つ子にとって有効な内容のものを選びました。

★10巻では…

これまでのドリルでは、分野に分けて基礎的な能力に取り組んできました。

10巻では、分けて取り組んできた分野がいくつか重なる課題が多くなっています。合わせて、一般的な知識や道徳についても取り上げました。お読みいただければ分かると思いますが、このドリルのめざす目標は知識だけではなく、子どものなかに「生きるための知恵」を育むことです。お使いいただく方々に、子どもに合わせながらの創意工夫をしていただき、"知恵の育み"が実現できることを願っています。

目的 ◇◇◇◇◇◇◇◇◇◇◇◇◇◇◇◇◇◇◇◇

　このドリルは、子どものことば、認知、数、文字の読み書き、生活、社会性などの面での健やかな発達を求めて作られました。

特色 ◇◇◇◇◇◇◇◇◇◇◇◇◇◇◇◇◇◇◇◇

①「手引き」では、各問題を解説しました。"子どもの《発達の姿》"として、発達から見た意味を、"指導のポイント"では、子どもの状態を把握できるようにし、また教え方のヒントも示しました。

②内容によっては正答をまず示し、子どもが質問されている内容や答え方などを分かりやすくしました。また、ドリルの中には、ゆうぎ歌もあります。これは、子どもの興味や社会性を高めるために取り上げました。

③このドリルでは、ことば、認知、数、文字、生活、社会性などの領域の問題を取り上げました。ただそれぞれの領域の問題は、明確に独立したものばかりではありません。ことばと生活がいっしょなど、複数の領域にまたがる内容もあります。

　これは、子どもの暮らしそのものが、多様な領域が渾然一体となっていることからきています。

　例えば「洋服を着る」という場面を考えてみましょう。ある子にとってはこのときに、洋服の名前、着る枚数、洋服の色などとともに、用途や裾を入れるなどマナーも学んでいるかもしれません。つまり、子どもは大人のように領域ごとに分けて学ぶ訳ではないということです。

④このドリルは、1冊に12の課題が含まれています。今回のシリーズは10冊で構成されています。シリーズ合計では、120の課題で構成されています。

お願い

　まずは、子どもの取り組もうという気持ちを大切にしましょう。課題の順番に関係なく、子どもの興味や関心に合わせて、できるテーマから取り組んでください。
　子どもによっては、難しい問題があります。難しくてできないときには、時間をおいて再チャレンジしてください。

湯汲　英史
早稲田大学 客員教授
(社)発達協会 常務理事
言語聴覚士／精神保健福祉士

① ことば（異同弁別ほか：欠所探し）

たりないのは どれでしょう？

ことばかけのポイント

● 「足りない」では分かりにくいときには「ここにないね、何がないかな？」などと、言い換えてみましょう。

● 分かりにくいときには、色を塗って、それを手がかりに理解を促しましょう。

子どもの《発達の姿》

　細部への注目が進むと、欠けている絵を見たときに、不足している部分が何かも分かってきます。自分で想像して、不足の部分を補えるようになるともいえます。このような力は、例えば、おもちゃなどで足りないものが何かが分かる、自分で道具を準備するなど、日々の行動の中から見られるようになりだします。

　ただ自分で準備するといっても、繰り返し体験してきたことを覚えているという段階です。不測の事態に備えるといった、大人のような柔軟な発想や思考力はありません。ですから、いつもと違う物を準備しなくてはいけないときには、丁寧に教えてあげる必要があります。

　また、記憶できる物の数などにも個人差があります。能力を越えて、たくさんの物を用意しなくてはいけないと指示されると、混乱してしまうこともあります。

ワンポイントアドバイス

　発達や知能の心理検査ですが、生活の中に現れる自然な姿からも、子どもの状態を評価してよいのではないかと思います。ただ、検査の成り立ちや構造上の問題から、自然な姿はおおむね参考程度にしか採択されません。

　欠けた部分が何か、その理解力を調べる検査項目が、ひとつの知能テストにあります。《発達の姿》でも述べましたが、欠けた部分について考える力は生活や遊びの中で形成され豊かになります。知能検査は、そういう力のうわずみをすくいあげているだけにも思えます。

　ドリルは、考え方を整理するのには便利です。ただそこだけにとどまっていると、知識から生きる知恵へと成熟しないのかもしれません。ドリルとともに、日々の生活の中で、例えば、ティッシュやしょうゆなど「足りない物」に気づかせ、自分で用意できるよう教えましょう。その実体験が、「知識」が「知恵」へと成熟していくのに必要なことだと思います。

コラム　セラピー室から①
大切なことばかけの中身

　彼女は6歳。保育園の年長さんです。彼女は今、「あっ、あっ」という声をあげ、遠くの「物」を見つめます。そして、「物」に向かって身体を前のめりにさせながら進みます。「触りたい！もっと見たい！」という意欲が、はっきりと伝わってきます。

　肢体不自由と知的な障害を持つ女の子。半年前は、床にぼんやりと座っていました。それが急変しました。ことばの獲得期に見られる、「あっ、あっ」という声。その声は、「物」を見つけ、発見する喜びにあふれています。ことばの力で、物がはっきりと見え出すのでしょう。その「物」に引き付けられ、彼女は前へ前へと突き進んでいきます。

　子どもに発見の喜びを与えてくれる"ことば"。

　そのことばですが、大きく分けると3つの役割があるとされます。まず挙げられるのは、"考えるときの道具"です。ことばがなければ、論理的に考えることはできません。また、"会話する際の手段"という役割もあります。

　ちょっと分かりにくいのが、"自分の身体をコントロールする"という働きです。ことばを増やしていく頃に子どもは、「おしっこ」「おんも」などと言います。これは、人に聞かせることばというよりも、今から「おしっこしますよ」「おそとに行きますよ」と、自分の身体に宣言する働きもあると考えられています。宣言することで、自分の身体に次の行動の準備をさせます。

　話はやや飛びますが、ADHD（注意欠陥・多動性障害）の原因

どうして（なぜ）でしょうか？

ことばかけのポイント

●分かりにくい場合には、ことばを言い換えてみましょう。
●質問文は仮定の話です。それが分かりにくい場合には、実際に劇をするようにして教えてみてください。

子どもの《発達の姿》

　子どもは、成長するにつれて自分なりの理由だけでなく、周りの人が共通の理由としているものがあることに気づいてきます。一般的な知識、常識といわれるものです。こういう理由を一度覚えると、急に物知りになったような気がするのかもしれません。一般的な知識を後ろ盾に、ときには大人を非難したりもします。一般的な理由だけでは、ものごとははかれないということが分かるためには、いろいろな体験を積む必要があります。その体験の中で、例外の存在も含めて、自分なりの考えが持てるようになっていきます。

ワンポイントアドバイス

　まずは、一般的な知識や常識を教えましょう。子どもはたくさんのことを学ばなくてはいけませんが、一般的知識や常識は周りの人や友だちと安定した関係を築く際のベースともなります。

☆なお、「疑問詞：なぜ、どうして 〜理由の表現」については、
　第7巻「手引き」5ページ（理由の表現③）
　第8巻「手引き」5ページ（理由の表現④）
　第9巻「手引き」7ページ（理由の表現⑤）
　も合わせてお読みください。

は言語障害、という専門家もいます。多動性や衝動性は、身体をコントロールすることばの力が弱いので起こると考えるからです。確かに多動の子では、初期から聞かれるはずの宣言がなかなか聞かれません。多動のコントロール力アップには、「今から何するの？」と尋ね、これからやることを言語化させるのが有効といわれます。有効の理由は、ことばで行動をコントロールする力を促すからともいえます。

　先日、特別養護老人ホームの介護職の方と話をしました。そのなかで興味深かったのは、ことばを無くしていくプロセスが、痴呆の進行度合いと比例しているというエピソードでした。例えば、「トイレでおしっこする」ということばが分かっていたお年寄りがいたとします。この方が、「おしっこ」は分かっていても、「トイレで」の部分がほんやりしてくると、どこでもするようになるというのです。場所にお構いなく裸になる人は、服を脱ぐ場所のことばがあいまいともいます。だから分からないと思って、黙って介助してはいけないとのことでした。「お風呂だよ、洋服脱いでね」「ここはどこ？ お風呂だよね」といった、説明や確認のことばかけが大切と続きました。聞きながら、子どもと接するときの自分を、大いに反省させられました。

　さて冒頭の女の子。周りからの豊かなことばかけが、「あっ、あっ」の喜びの声へとつながったのでしょう。沈黙の中ではきっと開かれなかった世界。ことばの選択では、吟味の必要はありますが、ことばかけの大切さは忘れないようにしたいと考えています。

③ ことば（文作り：叙述・説明③ 〜明日は何をする？）

これから なにをしますか？（あしたは なにをしますか？）

 ことばかけのポイント

● 「これから」のことばの意味が分からない場合には、「このあと」「すぐに」などに言い換えてみましょう。

● 「あした」が分からないときには、カレンダーなどを見ながら説明してみましょう。

子どもの《発達の姿》

　自分で、自分のやることを決めて実行する、これは言うまでもありませんが、自立のために必要な力です。未来は、何が起こるか分からない未知数の世界です。自分の未来に対して、強い不安を持っても不思議ではありません。子どもなりに不安を持つからこそ大人に、これから「何をするのか」「何が起こるのか」を真剣に問い合わせます。子どもはきっと、大人の答えどおりの安定した未来を望んでいるのでしょう。

ワンポイントアドバイス

　振り返ることよりも、これからやることの方に意欲を示すのが、一般的な子どもの姿です。ただなかには、これからやることを自分で想像したり、企画したりするのが苦手な子もいます。こういう子の場合には、未来があることや、そのなかで自分がやることなどをいっしょに考えていく必要があります。そうやって、これからのことについて具体的なイメージが持てるようにします。未来へのイメージがあることで、思わぬできごとに遭遇したときに感じる不安の軽減にもつながることでしょう。

☆なお、「叙述・説明」については、
　第6巻「手引き」7ページ（何のお仕事？①）
　第8巻「手引き」6ページ（何のお仕事？②）
　また、「振り返り」については、
　第7巻「手引き」6ページ（何をした？①）
　第9巻「手引き」8ページ（何をした？②）
　も合わせてお読みください。

④ ことば（短期記憶：文の記憶③）

おはなしを きいて こたえましょう

ことばかけのポイント

● 子どもが読めないときには、大人が区切りをつけながら読みましょう。

● 質問が難しそうならば、まずは答えを教えて、再度尋ねてみましょう。

● 文章の答えの部分に、マーカーなどで色を塗ってヒントとしてもよいでしょう。

子どもの《発達の姿》

　単語から文章へと、記憶できる量が増えてきたら、短い文章などを読み聞かせてみます。読んだあとに、質問をしてみます。それに答えられれば、文章の理解力、記憶力がしっかりしてきたといえます。逆にいえば、質問されることが分かっていれば、話をちゃんと聞かなくはいけないという気持ちも育ってくるでしょう。

ワンポイントアドバイス

　文章の中身と子どもの意欲には関係があり、自分が好きなことだと集中して聞ける場合もあります。こういう子に対しては、聞くときの姿勢作りを第一目標にします。子どもの興味に合わせて、短い文章を選び、質問してみましょう。

☆なお、「文の記憶」については、
　　第5巻「手引き」9ページ（文の記憶①）
　　第7巻「手引き」8ページ（文の記憶②）
　　も合わせてお読みください。

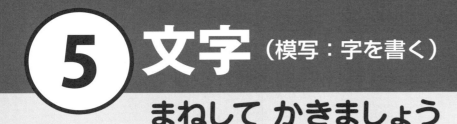

5 文字（模写：字を書く）

まねして かきましょう

17P〜20P

ことばかけのポイント

●難しいときには、手を添えて助けましょう。

●間違った線を修正できない子の場合、「いっしょに」と言いながら消したり書いたりしましょう。

●手本と同じ字を書こうとするために、先に進まない子の場合は、「これでいい」と言ってあきらめさせることも必要です。

子どもの《発達の姿》

「あ」という字は、横線、縦線、丸、斜線によって構成されています。

描画の発達ですが、一般的には下記とされています。

1歳:なぐり書き　2歳代:縦線、横線　3歳代:閉じた丸（○）

4歳代：四角（□）　5歳代：三角（△）　6歳代：ひし形

「あ」という字は、描画の発達からすると、斜線があるので5歳代以降にならないと難しいといえます。

このドリルでは、描画の発達を踏まえ、形の模写からはじめて徐々に難しい文字に向かう内容としました。

ワンポイントアドバイス

字を書くのは、紙でなくてもできます。砂場、粘土、コンクリートなどに書いていると、手の動かし方などがしっかりとしてきます。

また、大きくばかりでなく、1〜2センチ以内の円の中に書く練習もしましょう。子どもの中には、小さい方が集中を増す場合もあります。

☆なお、「模写」については、

第1巻「手引き」13ページ（線を引く①）

第4巻「手引き」7ページ（線を引く②）

また、「文字」については、

第8巻「手引き」8ページ（文字を読む①）

第9巻「手引き」10ページ（文字を読む②）

も合わせてお読みください。

7

文字（形の見分け・文字：文を読む①）

なにを　しているのでしょうか？

 ことばかけのポイント

●分かりにくいときには、ゆっくりとことばを区切りながら読みましょう。

●文が読めなかったり、意味が分かりにくかったりしたときには、違うことばで言い換えてみましょう。

子どもの《発達の姿》

　「文章を読む」ことですが、文章を読むことでイメージをわかせ、意味を理解する必要があります。文章だけでは分かりにくい場合には、擬音やジェスチャーを入れましょう。

　言うまでもなく、文語体は口語体とは違います。文語体を分かるためには、絵本の読み聞かせとともに、口語体で解説する時期が必要のように思います。

　例えば、「おとうさんと　こうえんに　いきました」と言われただけでは、イメージがわきにくく意味がピンとこないことがあります。こういうときには、「ブーラン、ブーラン、ブランコで遊んだね。公園で遊んだね。パパと行ったね」というような話をして、子どものイメージをリアルなものにしていきます。

　「かじのときに　ひを　けしてくれるひとです」も同じです。「コワイ、コワイ、あっちっちだね。あっちっちの火を消す人だよ。消防車に乗っているよ」といった話を付け加えます。こういった口語体の方が、文の読み初めの頃は、具体的なイメージにつながりやすいでしょう。

　文章を読みながら、それを題材にして、子どもとの会話を楽しむといった心構えも、大人には大切なように思います。

⑦ 文字（形の見分け・文字：文を読む②）

ことばを いれて よみましょう

ことばかけのポイント

●文が読めなかったり、意味が分かりにくかったりしたときには、違うことばで言い換えてみましょう。

子どもの《発達の姿》

ことばや文章を聞いただけでは、そのイメージがわきにくい段階があります。子どもの絵日記では、絵をまず描きます。そして、文章を作っていくことが多いでしょう。

それは、子どもは絵を描くことをとおして、できごとの前後も含め、話として整理ができるからでしょう。絵を描かないと、できごとが前後したりして話に矛盾が現れたりします。結果的に、読み手に通じない文章になってしまいます。

長年にわたり撮りためた、日付のない複数枚の写真が床に散らばったとします。それらの写真を、古い順に並べるのは簡単ではないでしょう。写真は、撮った順番に覚えられないので、アルバムが必要となります。古い順にアルバムの紙に貼っていけば、順番の間違いはありません。

子どもは映像記憶が強いとされます。この力が発揮され、神経衰弱などのトランプゲームで、大人が子どもに負けたりします。カメラで撮影したかのように覚える時代が、9歳前後まで続きます。このあとは、大人と同じになっていくのですが、エピソードや意味で、ものごとを記憶するようになります。この

ような記憶の仕方になると、絵がなくても整理して文章を作れるようになります。

このドリルでは、文字や文章だけでなく絵を示すことで、具体的なイメージが持てるようにしました。

ワンポイントアドバイス

子どもに何かを思い起こさせたり、イメージを持たせたりする際ですが、ある時期までは絵や写真などの視覚的な材料がないとうまくできないといわれます。うまくできない場合には、ことばだけでは想像しにくいと理解し、映像を用意するなど配慮しましょう。

☆なお、「文字」については、
　第8巻「手引き」8ページ（文字を読む①）
　第9巻「手引き」10ページ（文字を読む②）
　も合わせてお読みください。

コラム　セラピー室から②
発達に必要な受け止め、教えてくれる存在

人見知りのときに赤ちゃんは、大人の腕のなかで急に、それも強く「反り返り」ます。この「反り返り」は、頭を打つかもしれない危険な行為です。ところが実際には、赤ちゃんで頭に外傷を負う子はまれです。危険と隣り合わせの行為である「反り返り」。ケガを防ぐのは大人の役目です。

「反り返り」で重要なのは、大人の意識の変化なのかもしれません。赤ちゃんが、動きも少なく寝ている時代では大人は楽です。「かわいい」と眺めていればよい時間も、きっと長いことでしょう。しかし歩き出せば、悠長に構えてばかりはいられません。危ないことをしますから、警戒モードで子どもを見守る必要があります。まだ歩き出さない、8ヶ月前後の「反り返り」は、警戒モードでの見守りを、大人に促すための誘引行為なのかもしれません。

人間の基本的感情は、乳児期にも存在するとされます。それが1歳代ではっきりと分化しだし、ことばで表現されるのは2歳代となります。

泣き笑いが大半の段階から、赤ちゃんは8ヶ月頃から怒りを示すようになります。声を上げ、体を動かして、怒りを表現します。ただ、怒りの声は、泣き声よりも大人の気持ちに余裕が持てます。そこで「ちょっと待ってて」「あとでね」といった声をかけます。そうすると、赤ちゃんは少しの間は待てるようになります。他のことに興味が移れば、忘れてしまうこともあります。乳児期後半で、怒ったとしても、待てるようになることは、感情のコントロール力がついてきたともいえるでしょう。

1歳前から、赤ちゃんは「やっちゃダメ」と言われることを繰り

⑧ 文字 （数字②）

すうじを かきましょう

ことばかけのポイント

●分かりにくいときには、答えをまず教えましょう。

子どもの《発達の姿》

　子どもは、数字が書けるようになる前に、読めるようになります。

　当たり前の話ですが、早い段階で子どもが数字に興味を持ち、読みたいと思うことが不思議でもあります。大人からほめられたとしても、数字が読めても特別にメリットがあるわけでもなさそうです。

　読めるようになると、形が少々違っても、同じ意味を持つ数字として理解します。

ワンポイントアドバイス

　数字を機械的に書くことだけでなく、穴埋めなども子どもの興味と意欲を高めます。いろいろな問題を作ってみましょう。

☆なお、「数字」については、
　第6巻「手引き」10ページ（数字 レジスターなど）
　第7巻「手引き」9ページ（数字①）
　も合わせてお読みください。

　返しやります。例えば、テーブルの上のスプーンやコップを下に落とすなどです。大人の顔を見ながら、「わざとのように」したりします。それに対して、大人は注意を繰り返します。そうすると、いつの間にか赤ちゃんはやらなくなります。

　繰り返し注意される体験をとおし、赤ちゃんは「いけない行為」があることを了解するのでしょう。逆に言えば、繰り返し注意してくれる人が赤ちゃんには必要といえます。

　反り返ったときに、しっかりと受け止めてくれる存在。「待っててね」の声かけで、怒りの感情をコントロールさせてくれる相手。行為には「喜ばれる」ものと、「やってはいけない」ことがあることを教えてくれる人。人間の子どもが成長するには、そういう大人が必要です。

　「子どもの話を聞くことが大切」ということばは真実です。ただ省略されていることばがあるようです。正しくは「子どもの話を聞くことは大切である。ただし、必ずしも従う必要はない」ではないでしょうか。

　子どもの言うままになり、振り回されてしまう大人は、「聞くこと＝従うこと」と誤解しているようです。大人は子どもの話を聞きながら、大人の分別で良し悪しを判断し、子どもに従わせていく必要があります。反り返ったときに受け止める、怒っているときに「待っててね」と話す、「やってはダメなこと」を繰り返し教える、これらの自然な大人の姿は、従うばかりでは子どもが育たないことを教えてくれてもいます。

9 数 （集合数③）

いくつでしょうか？

ことばかけのポイント

●正しく数えられないときには、いっしょに数えましょう。

子どもの《発達の姿》

例えば、10近くあるものを数えるときに、子どもは「重複数え」や「数え忘れ」を起こしやすくなります。そうやって間違いを何度も繰り返すうちに、自分なりの数え方の法則を考えついたりします。数え終わったものに"印を付ける"、あるいは"消す"なども工夫の現れといえます。

ワンポイントアドバイス

日常生活でも、多数の物を数えるときには、数え終わったら横にどける、箱に入れるなど、間違わないやり方を教えましょう。

☆なお、「集合数」については、
第5巻「手引き」12ページ（集合数①）
第8巻「手引き」11ページ（集合数②）
も合わせてお読みください。

コラム セラピー室から③
考えるべき「バッドワード」や乱暴への対応

あるお母さんから、カナダで子どもが受けた教育の話を聞きました。9.11テロ事件ですが、その当日、子どもにテレビニュースを見せないようにとの通知が小学校からあったそうです。テレビニュースでの戦争場面を見て、強い恐怖感を持つ子がいます。自分が今いる場所と、ニュース場面との間に距離がありません。子どもによく見られる姿でもあります。爆破の映像を見て、あたかも自分がこれから体験するかのような感じを持ち、それがPTSD（心的外傷後ストレス障害）の原因になることを怖れての配慮でしょう。

また、特定の民族や宗教を非難しないようにとの注意もあったそうです。英国の小学校などでは、「メディアリテラシー」教育がなされています。価値観などを無批判に受け入れる子どもに、

「メディアの流す情報を批判的に見る目を養うこと」が目的です。

カナダは、多民族、多宗教の人たちで構成される移民国家のひとつです。宗教や風習についての誤解や偏見が広がることは、国家の安定を危うくしかねません。そのためにも、自分で考えられるようになるまでは、一方的な価値観の押し付けは避けるべきといえます。

先生が注意する点も違い、「そんなことも許されるの！」と驚くことが多いとのことでした。「バカ、シネ、殺すぞ」といった「バッドワード」を使うとすぐに注意。乱暴行為があれば保護者は学校に呼ばれ、対応策が話し合われるそうです。担任ばかりでなく、カウンセラーが参加することも稀ではなく、大人たちが悪いこと

⑩ 社会性 （生活：一般知識）

どちらが ただしい でしょうか？

ことばかけのポイント

●ことばだけでは分かりにくいときには、ジェスチャーを入れてみましょう。

子どもの《発達の姿》

　ある文化圏に暮らす人たちには、同じ判断基準や価値観が共有されるとされます。同じような判断基準や価値観を理解しないと、実際にいっしょに暮らしたり行動したりすることは難しくなります。

　このような判断基準などを、子どもは周りから徐々に学びながら、共同体の一員として育っていきます。

ばや乱暴に対して明確な姿勢を持っていると感じたとのこと。このような教育の影響でしょう、カナダは凶悪犯罪がとても少なく、お隣のアメリカと違い安心して暮らせる国といいます。

　テレビニュースは悲惨な映像を垂れ流しの状態、そしてコメンテーターが、かたよった自説を述べて平気です。それへの批判もなく、子どもがテレビに向かうのが日本です。

　「人をナイフで刺した絵」など、血みどろの残酷な絵を描く子が相談に来ます。大人は「将来が恐ろしい」と言うばかりですが、「こういう絵を描いてはいけない」と注意することを忘れています。注意することで、人を殺すのはいけないということや、周りの人を不愉快にさせていることに気づかせるべきです。

　子どもはどんなことばも自由に使ってよい、表現は感情のままがすばらしい、といった価値観が根強くなっているのでしょうか。それが、平気でバッドワードを使い、不気味な絵を描いて満足する子どもたちへとつながっているとすれば、大人の怠慢ともいえます。

⑪⑫ 社会性（役割を果たす：道徳①②）

どちらが ただしい でしょうか？

子どもの《発達の姿》

　子どもは一般的には6才前後から、文化圏に共通の知識や判断基準の他に、道徳などへの関心も生まれ、それを学び始めます。道徳も踏まえた判断力が育つことで、子どもは大人に依存しないでひとりで行動できるようになります。その力があるから、ひとりで小学校に行けるようになるともいえます。小学校では、幼児期と違い大人から庇護される割合は少なくなります。子どもの世界の中で、自分ひとりで判断し、行動しなくてはいけないことがいっぱいでてきます。

　自立とは、「自分で考え、ひとりで判断し、行動できるようになること」といえます。この判断する際の基準になるのが、一般的な知識や道徳です。関心を持ち、学ぼうとするこの時期にこそ、道徳の基本的な事柄を教えたいものです。学び、それに従うことが、自分の判断に自信を持たせ、さらには自分自身への評価も高めてくれることでしょう。

☆なお、「役割を果たす」については、
　第4巻「手引き」13ページ（〜の仕事①）
　第7巻「手引き」13ページ（〜の仕事②）
　第9巻「手引き」13ページ（〜の仕事③）
　も合わせてお読みください。

 **セラピー室から④**
文化を受け継ぐ子どもたち

　大学生の彼とは7年の付き合いです。最初に会ったのが中一。クラスメートからいじめられているという話が続き、急にテーブルにうつぶせになり黙ってしまいました。「疲れているな」というのが率直な印象でした。

　「登校しぶり」も始まったので、担任の先生に彼の話を聞いてもらうことにしました。先生からは、周りの生徒に聞いたけれどもいじめの事実はない、との報告がありました。逆に彼の方が一方的に話を続けたり、ときには大声をあげ迷惑をかけていたりするとのことでした。

　同級生の言う、単なる冗談や悪意のないおふざけ、仲間になるためのちょっかい、こういう行為の意味が分かりにくい子がいます。冗談は「悪口」、おふざけやちょっかいは「ケンカをしか

けてくる」と取ったりします。

　そこで、先生には"受け止め方が被害者的になる子がいること""その意識は長い年月のなかで作られてきていること"などを話しました。こういう子には、他の子が嫌がる言動はたしなめ、合わせて、彼流の解釈で見方がかたよっているときには修正する必要があるとも伝えました。その後進んだ高校でも同級生や後輩とのトラブルが続きました。

　子どもの中には同年齢の子ども集団と上手くいかない子がいるようです。いっしょに遊べず、コミュニケーションが取れなかったりします。同級生には何がしかの緊張感を持ち、場合によって関係が悪化します。こういう子ですが、不思議と年長の人とはうまくいく子がいます。すなおに話を聞き、幼いものの正直な面があり、

『参考文献』一覧

【検査等】
『田中ビネー知能検査V』田研出版
『日本版WISC−Ⅲ知能検査法』日本文化科学社
『新版K式発達検査』京都国際社会福祉センター
『フロスティッグ視知覚発達検査』日本文化科学社
『発達協会方式―評価と指導プログラム』（社）発達協会

【言語・コミュニケーション】
湯汲　英史／著『なぜ伝わらないのか、どうしたら伝わるのか』大揚社　2003
湯汲　英史／著『子どもが伸びる関わりことば26』鈴木出版　2006
湯汲　英史／著『感情をうまく伝えられない子への切りかえことば22』鈴木出版　2007

【社会性】
石崎　朝世／編著『友達ができにくい子どもたち』鈴木出版　1996
湯汲　英史／監修・著『「わがまま」といわれる子どもたち』鈴木出版　2000
湯汲　英史／監修・著『発達につまずきを持つ子と身辺自立』大揚社　2002
一松　麻実子／著『人と関わる力を伸ばす』鈴木出版　2002
武藤　英夫／著『できる！をめざして』かもがわ出版　2006

【運動】
倉持　親優／著『うごきづくりのすすめ』かもがわ出版　2006

かわいがられたりします。
　大学生になった彼は、今でも同級生とは付き合いがありません。
その一方で、年配の先生の研究室に入りびたりといいます。それ
もあってか、精神的には落ち着いています。
　同級生と上手くいかない子は、同世代の文化とも距離を持つよ
うです。伝統工芸など古くからあるものに興味を持ったりします。
こういう志向を持ち、また年の離れた人からはすなおに学べる青
年がいるから、伝統工芸などが継承されるのかもしれません。
　最近、こういう子が一定の割合で生まれるような仕組みがあり、
それで人は文化を守っているのかもしれないと思ったりします。

心理学とセラピーから生まれた　発達促進ドリル　10巻内容一覧

※内容は、一部変更される場合があります。ご了承ください。

項目	1巻	2巻	3巻	4巻	5巻	6巻	7巻	8巻	9巻	10巻
A.ことば 擬音語	擬音語①擬さし	擬音語②								
物の名前（用途・抽象語）	物の名前①	物の名前②	物の名前③	物の名前④	物の名前⑤(2切片)	物の名前⑥(3·4切片)	物の名前⑦(5切片)		物の名前⑧(複数)	
用途		用途①	用途②							
抽象語				抽象語①		抽象語②				
物の属性					物の属性①		物の属性②			
からだの部位	からだの部位①②					からだの部位③			からだの部位④	
異同弁別（ほか）	おなじ				ちがう①②					
疑問詞			何	だれ	どこ	いつ				
間違い探し・探し物						間違い探し①	間違い探し②	間違い探し③	探し物	
どうやって						どうやって	どうやって			
なぜ、どうして						なぜ、どうして①	なぜ、どうして②	なぜ、どうして③	なぜ、どうして④	
叙述・説明						叙述・説明①	叙述・説明②	叙述・説明③	叙述・説明③	叙述・説明
（理由の表現）						(理由の表現③)	(理由の表現④)	(理由の表現⑤)	(理由の表現⑥)	(理由の表現④)
振り返り						振り返り①	振り返り②	振り返り③		
（様子の表現）					(表現①)	(様子の表現②)	(表現③)			
得意なこと						得意なこと	苦手なこと	上手になりたいこと		
（何のお仕事？）						(何のお仕事？①)	(何のお仕事？②)	(何のお仕事？)	(明日は何をする？)	
文作り・二語文理解	二語文理解①	二語文理解②								
助詞			助詞①②		助詞③					
確認・報告				確認・報告						
自他の分離			自他の分離①			自他の分離②				
※短期記憶		2つ								
B.文字 形の見分け		形の見分け①		形の見分け②						
空間把握				上下①②	そば	前後				
模写（線を引く）	線を引く①			線を引く②						
文字を読む							文字を読む①	文字を読む②	文字を読む①②	文字を読む①②
文を書く									文字を書く	文を書く
※短期記憶（文の記憶）					文の記憶①	文の記憶②	文の記憶②			文の記憶③
C.数 数字						数字(レジスターなど)	数字①		数字②	数字②
比較（大小）	大小比較①	大小①	大小②							
高低・長短・多少					高低	長短	多少①	多少②		
数唱					数唱(5まで)			数唱(10まで)		
集合数					集合数①		集合数①	集合数②	集合数②	集合数③
順位数（序数）							順位数①	順位数②	順位数②	
合成と分解						合成と分解①		合成と分解②③		合成と分解
D.社会性 模倣・ルール	いっしょに①	いっしょに②		順番・ルール①②			順番と待つ態度			
思いやり	はんぶんこ①	はんぶんこ②	あげる-もらう①		あげる-もらう②					
生活		口を拭く、手を洗う・顔を洗う	歯磨き	排泄		洗顔				一般知識
役割を果たす		～して、～やって	大事・大切	～の仕事①	～の仕事②	残念・仕方ない	～の仕事②		～の仕事③	～の仕事
感情のコントロール力	そっと			小さな声で言う		「かして」と言う	わざとじゃない	～かもしれない	怒った声を出さない	道徳①②
問題数	12	12	12	12	12	12	12	12	12	12

※参考文献は、10巻目で紹介します。

心理学とセラピーから生まれた 発達促進ドリル 10巻 内容一覧

分類	項目	1巻	2巻	3巻	4巻	5巻	6巻	7巻	8巻	9巻	10巻
A.ことば	擬音語	擬音語①指さし	擬音語②								
	物の名前	物の名前①	物の名前②	物の名前③	物の名前④	物の名前⑤(2文字片)	物の名前⑥(3・4文字片)		物の名前⑦(5文字片)	物の名前⑧(複数)	
	用途・抽象語	用途①		用途②	抽象語①	物の属性①		抽象語②		物の属性②	
	からだの部位	からだの部位①②					からだの部位③			からだの部位④	欠所探し
	異同弁別(ほか)	おなじ				ちがう①②	間違い探し①	間違い探し②	間違い探し③	探し物	
	疑問詞（表現など）		何	だれ	どこ	いつ（表現①）	どうやって（様子の表現②）				
				助詞①②	確認・報告	助詞③	叙述・説明①（様子の表現②）	なぜ、どうして②（理由の表現④）	叙述・説明②（様子の表現④）	なぜ、どうして④（理由の表現⑥）	叙述・説明③
							なぜ、どうして①（理由の表現③）	なぜ、どうして③（理由の表現⑤）			
							振り返り①（何をした?①）	振り返り②（何をした?②）	上手にできたこと	振り返り③（明日は何をする?）	
							得意なこと	苦手なこと		上手になりたいこと	
	自他の分離			自他の分離①		自他の分離②					
	文作り ※短期記憶	二語文理解①	二語文理解②			文の記憶①	文の記憶②	文の記憶③			文の記憶③
B.文字	模写	線を引く①			線を引く②						
	形の見分け・文字		形の見分け①		形の見分け②			文字を読む①	文字を読む②	字を書く	文字を読む①②
	空間把握			上下①②	そば		前後			なか、そと	
C.数	数字						数字（リジスターなど）	数字①	数字②		数字②
	比較	大小比較①	大小②	大小③		高低	長短	多少①	多少②		
	集合数					集合数①		集合数②	集合数②	集合数③	集合数③
	数唱					数唱（5まで）			数唱（10まで）		
	順位数（序数）							順位数①		順位数②	順位数②
	合成と分解	はんぶんこ①	はんぶんこ②			合成と分解①			合成と分解②③		
D.社会性	模倣・ルール	いっしょに①	いっしょに②	いっしょに①		順番・ルール①②	順番と待つ態度				
	思いやり	はんぶんこ①	はんぶんこ②	あげる→もらう①		あげる→もらう②					
	生活			歯磨き	排泄	洗顔			一般知識		
	役割を果たす				~の仕事①			~の仕事②		~の仕事③	
	感情のコントロール力	そっと	大事・大切	手はおひざ	残念・仕方ない	小さな声で言う	「かして」と言う	わざとじゃない	~かもしれない	怒った声を出さない	道徳①②
	問題数	12	12	12	12	12	12	12	12	12	12

◆『発達促進ドリル』の仕様

★仕様

タトウ入り

ドリル（A4シート36枚 または A4天とじ48ページ）

手引き（A4判 16ページ 中とじ）

◆著者 及び（公社）発達協会の紹介

著者プロフィール

湯汲 英史（ゆくみ えいし）

早稲田大学第一文学部心理学専攻卒

（公社）発達協会王子クリニック リハビリテーション室、同協会常務理事／早稲田大学 非常勤講師／
言語聴覚士／精神保健福祉士

【主な著書】

『「わがまま」といわれる子どもたち』（鈴木出版）

『子どもが伸びる関わりことば26 ―発達が気になる子へのことばかけ―』（鈴木出版）

『感情をうまく伝えられない子への切りかえことば22』（鈴木出版）

『ことばの力を伸ばす考え方・教え方 ―話す前から一・二語文まで―』（明石書店）

『発達障害のある子へのことば・コミュニケーション指導の実際』（診断と治療社）

『決定権を誤解する子、理由を言えない子』（かもがわ出版）、他多数

（公社）発達協会

いのちを守り、育て、充実させるために

発達にハンディキャップをもつ人たちの、さまざまな形での自立を促すことを目的として発達協会は設立されました。
発達にハンディキャップがあるといってもその内容は多様です。

しかし一人ひとりのハンディキャップは確実に存在し、科学が進歩してもまだそれをなくせません。ハンディキャップを
背負いながら、今日もその重みを、本人と家族がにない歩いています。それを少しでも軽減したい、そして、もてる力を
十分に発揮してもらいたいと、私たちは願っています。

発達協会は特定の主義や立場をこえ、ハンディキャップをもつ人びとをみんなで支えあい、その有無に関わらず、人が
人として認められる世界が来ることを求めながら、日々の活動を行なっています。

◆（公社）発達協会のさまざまな活動

○乳幼児からの療育事業：療育指導、相談

○広報、普及事業：月刊『発達教育』の刊行、各種セミナー・講座の開催

○医療事業（王子クリニック）：保健診療／健康診断

◆問い合わせ先

公益社団法人　発達協会

〒115-0044 東京都北区赤羽南 2-10-20　TEL 03-3903-3800　FAX 03-3903-3836

理 事 長　金子 健（明治学院大学名誉教授）

発達協会ホームページ　http://www.hattatsu.or.jp/

『発達促進ドリル』各巻のねらいと特徴

★7巻では…

教えないと気づきにくいのが、"気持ちのことば"や見えない"心の動き"です。

7巻では、理由の表現や自己認知など、子どもの内面の活動についても取り上げました。また、トラブルの原因になりやすい「わざと─わざとじゃない」の理解を進めるための課題も入れました。

★8巻では…

7巻に続いて、理由表現や自己認知などについてさらに掘り下げました。

文字や数は知識ですが、理由表現などは生きる「知恵」ともいえます。

この他にも、「〜かもしれない」ということばの教え方を紹介しました。「〜かもしれない」は、物事を柔らかく受け止めるために必要な視点です。これが理解されてくると、子どもは精神的に安定してきます。

★9巻では…

さまざまな場面で理由が言えるように、さらに問題を作りました。理由が言えるということは、自分のことを相手に分かってもらうだけではありません。相手への理解にも必要なことといえます。

また、「上手になりたい」という気持ちが強まれば、物事への取り組みが積極的になっていきます。そういう意識をはっきりとさせる問題も入れました。

合わせて感情のコントロール力をつけ、安定した人間関係を形作るために「怒った声を出さない」も取り上げました。

★10巻では…

これまでのドリルでは、分野に分けて基礎的な能力に取り組んできました。

10巻では、分けて取り組んできた分野がいくつか重なる課題が多くなっています。合わせて、一般的な知識や道徳についても取り上げました。

・・

このドリルのめざす目標は知識だけではなく、子どものなかに「生きるための知恵」を育むことです。

お使いいただく方々に、子どもに合わせながらの創意工夫をしていただき、知恵の育みが実現できることを願っています。

『発達促進ドリル』各巻のねらいと特徴

★1巻では…

本書『発達促進ドリル』は、発達にハンディキャップを持つ子にとって有効な内容の問題を10巻にわたって提示しています。

そのドリルのスタートである1巻では、先生と子ども、あるいは保護者と子どもの1対1での指導を行うにあたり、"質問に対して答える"という《やりとり》に気づくことが目標となります。

★2巻では…

1巻では、「やりとり能力の基礎固めを始めること」を大きな目標としました。

2巻では、1巻に続き、課題だけでなく学習する際の「基本的なルールを学ぶこと」が目標となります。"相手の話を聞く"などの力を高めていきます。

★3巻では…

ことばの力の成長とともに、相手から「いってきます」と言われたら「いってらっしゃい」と答えなくてはいけないことが、分かってきます。自分と他者が分離する時期とも考えられています。

3巻ではおもに、その時期の課題を取り上げました。このドリルに取り組むことで、期待されている役割が分かり始め、受け答えがさらにしっかりとしてくるでしょう。

★4巻では…

4巻では、目には見えないルールのことや、実在しない「抽象語」などを取り上げました。これらが理解されると、日々のさまざまな出来事に対して誤解も少なくなり、適応はきっとよくなるはずです。

合わせて、"自分の感情はコントロールしなくてはいけない"ことについても取り上げました。

★5巻では…

5巻では、物事を記憶することができ、覚えたことを振り返って表現することができ始める時期の課題を、おもに取り上げました。

この頃から数も含め、人から教わったことを覚えられるようになります。できることがうれしくなりますが、できないと気持ちが不安定になることもあるでしょう。そういうときには、気持ちをコントロールする「騒がないのが、お兄さん（お姉さん）」と教えてください。

★6巻では…

徐々に、物事の細かいところにも目がいくようになってきます。

そこで6巻では、その時期にできるようになることを、課題として取り上げました。細部に気づき始めることで、自分の周りのことへの関心を高め、できごとについて簡単な説明ができるようにもなります。また、細部への注目は、文字を読みたいという気持ちを高め、物事の手順などへの興味を増すことでしょう。

なお、ドリル6巻からは、ひとりでもできるよう天とじ（ミシン線あり）でとじられています。

『発達促進ドリル』について

◆『発達促進ドリル』の目的と特色

★目 的

このドリルは、子どもの《ことば、認知、数、文字の読み書き、生活、社会性》などの面での健やかな発達を求めて作られました。

★特 色

1. 「手引き」の各問題の解説では、"子どもの《発達の姿》"の欄で発達から見た意味を、"指導のポイント"の欄では子どもの状態を把握できるようにし、また教え方のヒントも示しました。

2. 内容によっては正答をまず示し、子どもに質問している内容や答え方などを分かりやすくしました。また、ドリル(第1巻)の中には、ゆうぎ歌もあります。これは、子どもの興味や社会性を高めるために取り上げました。

3. このドリルでは、ことば、認知、数、文字、生活、社会性などの領域の問題を取り上げました。ただそれぞれの領域の問題は、明確に独立したものばかりではありません。ことばと生活がいっしょなど、複数の領域にまたがる内容もあります。

   これは、子どもの暮らしそのものが、多様な領域が渾然一体となっていることからきています。

   例えば「洋服を着る」という場面を考えてみましょう。ある子にとってはこのときに、洋服の名前、着る枚数、洋服の色などとともに、用途や裾を入れるなどマナーも学んでいるかもしれません。つまり、子どもは大人のように領域ごとに分けて学ぶ訳ではないということです。

4. このドリルは、1冊に12の課題が含まれています。シリーズは10冊で構成されています。シリーズ合計では、120の課題で構成されています。

※ドリル1巻～5巻は、《先生対子ども or 保護者対子ども》での1対1の指導ができるよう、問題が1枚1枚用意されています。

　そして、ドリル6巻以降は、《子どもがひとりで取り組める》ように、天とじ(ミシン線あり)でとじられています。

【お願い】
まずは、子どもの取り組もうという気持ちが大切ですから、子どもの興味や関心に合わせて、順番に関係なく、できるテーマから取り組んでください。

④イラストでの説明があり、分かりやすい

イラストでの説明があることの一番の利点は、子どもが飽きないことです。

また、つまずき（ハンディキャップ）がある子の特徴として、"聴覚情報よりも視覚情報が優位な子が多い"ことが挙げられます。ドリルをする際には、「見える化」がとても必要なのです。

⑤「気になる子」「気がかりな子」にもドリルで教える

最近の子どもたちの問題としてクローズアップされているのが《社会性》です。

つまり、「他者とのかかわりが苦手」「他者の意図や感情が理解できない」「行動の調整ができない」「集団への参加が苦手」など、《社会性》に問題がある子が確実に増えています。

このような子に適切な指導や訓練をしないと、その子は学校生活での不適合な状態が益々顕在化し、社会生活が営めなくなる可能性があります。

そこで、従来の1歳半検診・3歳児検診に加え、「5歳児検診」を行う自治体が増えつつあります。

◆『発達促進ドリル』発刊の意図

「子どもの発達は拘束されている」といわれます。

歩くことも話すこともできずに生まれてきた赤ちゃんが、1歳を過ぎた頃から歩けたり、話せたりするようになります。歩行関係では、両足で跳べるのが2歳、スキップができるのが4歳となっています。ことばの面も、1歳は単語、2歳は二語文、3歳になると三語文をまねして言え、5〜6歳では文字の読み書きができるようになります。

例えばある子が"ぼくは歩くのは後でいいから、お絵描きが先に上手になりたい"と思っても、特別のことがない限りそれはできないようになっています。"自分の思うようには進めない、成長できない"だから「発達は拘束されている」と表現されます。

子どもの中には、自然に次々と進むはずの発達が、スムースにいかない子がいます。遅れがちな子もいます。どうしてそうなのか、はっきりとした原因は分かっていません。

ただ、このような子どもたちへのさまざまな試みの中で、指導や教育が発達を促すために必要なことが分かってきました。そして、指導や教育が一定の効果をあげることも明らかになってきました。

この『発達促進ドリル』シリーズは、発達心理学、認知心理学などの知見をもとに作られました。特に、実際に発達につまずき（ハンディキャップ）を持つ子にとって有効な内容のものを選びました。

また、このドリルは、子どもの《ことば、認知、数、文字の読み書き、生活、社会性》などの面での健やかな発達を求めて作られました。

このドリルの目指す目標は知識だけではなく、子どものなかに「生きるための知恵」を育むことです。

①《発達》は促進できる

"人間の持つ「能力」は、教えることによって開発が可能である"という考え方に立ち、著者が長年にわたって指導してきた豊富な臨床に基づく問題が用意されています。

②子どもができるところから始められる

子どものつまずき（ハンディキャップ）の程度に合わせ、子どもが理解できる巻から始めることができます。また、各巻とも4つの学習領域（ことば、文字、数、社会性）がバランスよく配置されています。

③子どもの《発達》が理解できる

ドリル全10巻の適用（理解）年齢は幅広く、1歳〜7、8歳までの子どもに対応した内容になっています。ドリルとともに「手引き」をご覧いただくことで、子どもの《発達》が理解できます。

「特別支援教育」のための
園や学校、家庭などでの
取り組み教材

心理学とセラピーから生まれた

発達促進ドリル

指導書

―発達につまずきを持つ子のために―

編・著／湯汲 英史

〔（公社）発達協会 常務理事／言語聴覚士〕

発 行／鈴木出版株式会社

〒113-0021 東京都文京区本駒込 6-4-21
TEL 03-3945-6611（代）　FAX 03-3945-6616
鈴木出版ホームページ　http://www.suzuki-syuppan.co.jp/

1. たりないのは どれでしょう？

ことば（異同弁別ほか：欠所探し）

★どれが たりないでしょうか？ たりないものを みぎ のえから えらび まるでかこみましょう。

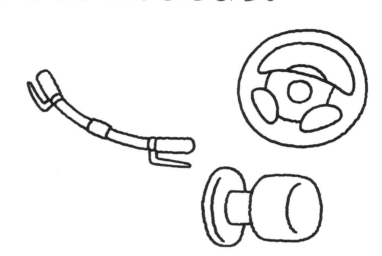

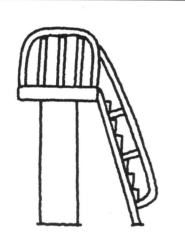

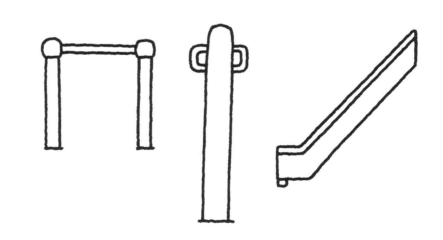

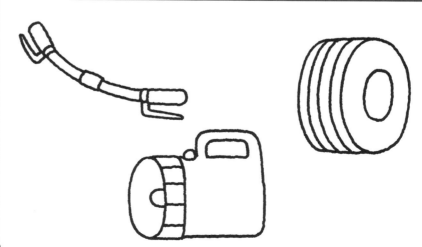

1. たりないのは どれでしょう?

★どれが たりないでしょうか? たりないものを みぎ
のえから えらび まるでかこみましょう。

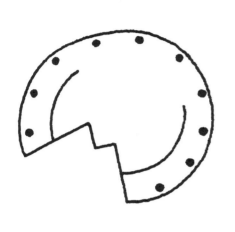

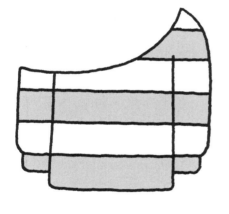
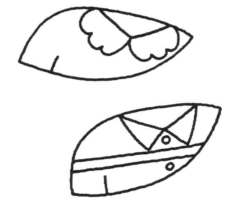

1. たりないのは どれでしょう?

ことば（異同弁別ほか：欠所探し）

★どれが たりないでしょうか？ たりないものを みぎ のえから えらび まるでかこみましょう。

1. たりないのは どれでしょう?

ことば（異同弁別ほか：欠所探し）

★どれが たりないでしょうか? たりないものを みぎ
のえから えらび まるでかこみましょう。

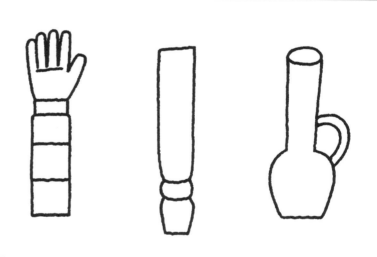

ことば（疑問詞：なぜ、どうして④ 〜理由の表現⑥）

★ ただしい こたえを したから えらび
ばんごうに まるを つけましょう。

◆ 「ぎゅうにゅうを のもう」と いわれました。
どうして (なぜ) ですか？

① は や ほねが じょうぶに なるから
② たべものだから

◆ 「すき きらい しないで たべよう」と いわれました。
どうして (なぜ) ですか？

① たべものだから
② からだの えいように なるから

2. どうして（なぜ）でしょうか?

ことば（疑問詞：なぜ、どうして④ ～理由の表現⑥）

★ただしい こたえを したから えらび
ばんごうに まるを つけましょう。

◆「あさ はやく おきよう」といわれました。
どうして（なぜ）ですか?

① おきたほうが よいから
② きそくただしい せいかつになるから

◆「よる おそくまで テレビを みてはいけない」
といわれました。どうして（なぜ）ですか?

① きそくただしい せいかつになるから
② みないほうが よいから

2. どうして（なぜ）でしょうか?

ことば（疑問詞：なぜ、どうして④ 〜理由の表現⑥）

★ただしい こたえを したから えらび
ばんごうに まるを つけましょう。

◆ 「からだを うごかそう」といわれました。
　どうして（なぜ）ですか?

① うごかすほうが よいから
② じょうぶで けんこうな からだに なるから

◆ 「ほんを よみなさい」といわれました。
　どうして（なぜ）ですか?

① いろいろな ことが わかるように なるから
② じが よめるから

2. どうして（なぜ）でしょうか？

ことば（疑問詞：なぜ、どうして④ 〜理由の表現⑥）

★ただしい こたえを したから えらび
ばんごうに まるを つけましょう。

◆「ごはんの まえに てを あらおう」といわれました。
どうして（なぜ）ですか？

① おおきくなるのに たいせつだから
② びょうきに ならないから

◆「そとから かえったら うがいをしよう」
といわれました。どうして（なぜ）ですか？

① かぜを ひかないから
② あついから

3.これから なにをしますか？
（あしたは なにをしますか？）

ことば（文作り：叙述・説明③ ～明日は何をする?）

★これから なにをしますか？
　したの（　）のなかに かきましょう。

◆「これから かいものに いきます」

これから すること（　　　　　　　　　　　　　　　　　　）

◆「これから こうえんに いきます」

これから すること（　　　　　　　　　　　　　　　　　　）

3.これから なにをしますか?
(あしたは なにをしますか?)
ことば(文作り：叙述・説明③ 〜明日は何をする?)

★これから なにをしますか?
　したの(　)のなかに かきましょう。

◆「これから ゆうえんちに いきます」

これから すること (　　　　　　　　　　　　　　)

◆「これから おんせんに いきます」

これから すること (　　　　　　　　　　　　　　)

3.これから なにをしますか？
（あしたは なにをしますか？）
ことば（文作り：叙述・説明③ ～明日は何をする?）

10巻

★あしたは どこと どこに いきますか？
したの（　）のなかに かきましょう。

◆「あしたは どうぶつえんに いき
そのあとに おばあちゃんちに いきます」

あした いく ところ （　　　　　　　　　　）（　　　　　　　　　　　）

★あしたは なにと なにを しますか？
したの（　）のなかに かきましょう。

◆「あしたは えいがをみて レストランで しょくじをします」

あした すること （　　　　　　　　　　）（　　　　　　　　）

3. これから なにをしますか？ （あしたは なにをしますか？）

ことば（文作り：叙述・説明③ ～明日は何をする?）

★あなたが あした することを ３つ はなして（かいて） ください。

①あしたは

_____

_____

_____

②あしたは

_____

_____

_____

③あしたは

_____

_____

_____

※３つが難しいときには、数を減らしましょう。

4. おはなしを きいて こたえましょう

★おはなしを きいた あとに したの もんだいに こたえて ください。

◆「おかあさんと スーパー（すうぱあ）に かいものに いきました。 スーパー（すうぱあ）で おにくと ぎゅうにゅうを かいました」

① どこに いきましたか？
（　　　　　　　　　　　　　　　）

② だれと いきましたか？
（　　　　　　　　　　　　　　　）

③ なにと なにを　かいましたか？
（　　　　　　　　　　　　）（　　　　　　　　　　　　　　）

4. おはなしを きいて こたえましょう

ことば（短期記憶：文の記憶③）

★おはなしを きいた あとに したの もんだいに
こたえて ください。

◆「えんそくで どうぶつえんに いきました。
　どうぶつえんでは キリンと ゴリラを みました。そして
　みんなといっしょに ひろばで おひるごはんを たべました」

① えんそくで どこに いきましたか？
（　　　　　　　　　　　　　　　）
② どうぶつえんでは なにと なにを みましたか？
（　　　　　　　　　　　　　　　）（　　　　　　　　　　　　　　　）
③ どこで おひるごはんを たべましたか？
（　　　　　　　　　　　　　　　）

4. おはなしを きいて こたえましょう

ことば（短期記憶：文の記憶③）

★おはなしを きいた あとに したの もんだいに
　こたえて ください。

◆「こいぬを もらいました。 なまえは たろうです。
　けの いろは しろとちゃいろです。
　あかちゃんなので おかあさんに だかれるのが すきです。
　まいあさ おとうさんが たろうを さんぽにつれていきます」

①こいぬの なまえは なんですか？
（　　　　　　　　　　　　　　　　）
②けの いろは なにいろとなにいろですか？
（　　　　　　　　　　　　　　　）（　　　　　　　　　　　　　）
③だれが たろうを さんぽに つれていきますか？
（　　　　　　　　　　　　　　　）

4. おはなしを きいて こたえましょう

ことば (短期記憶：文の記憶③)

★おはなしを きいた あとに したの もんだいに
こたえて ください。

◆「おばあちゃんのうちに いきました。
おばあちゃんといっしょに トランプをしました。
そのあとに おばあちゃんが ケーキをつくってくれました。
いっぱいたべたので ねむりました。
ゆめのなかで おばあちゃんと じゃんけんをしました。
たのしかったです」

①だれのうちに いきましたか？
（　　　　　　　　　　　　　）
②おばあちゃんは なにを つくってくれましたか？
（　　　　　　　　　　　　　）
③ゆめの なかで なにを しましたか？
（　　　　　　　　　　　　　）

5. まねして かきましょう

文字（模写：字を書く）

★まねして かきましょう。

①

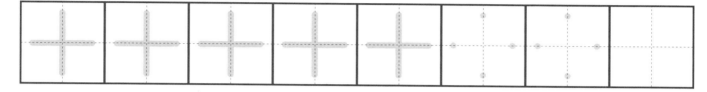

②

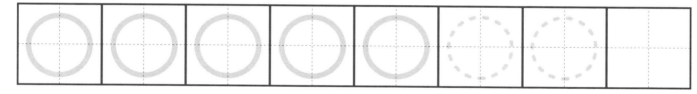

③

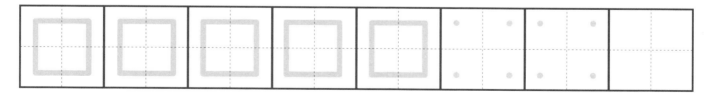

④

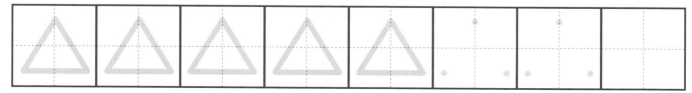

5. まねして かきましょう

文字（模写：字を書く）

★まねして かきましょう。

①

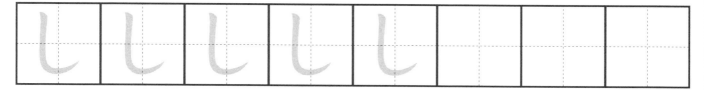

②

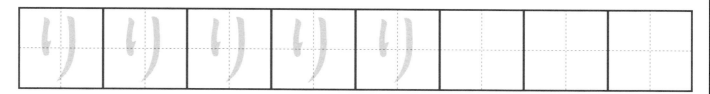

③

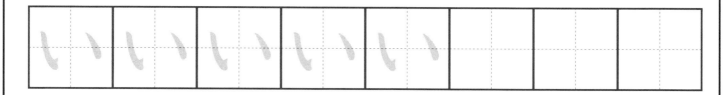

④

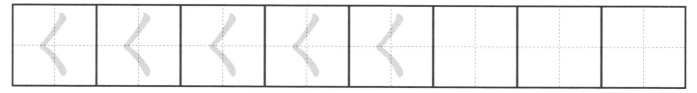

5. まねして かきましょう

★まねして かきましょう。

① て

② は

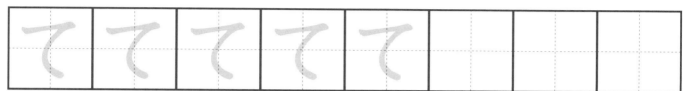

③ ま

④ ほ

⑤ お

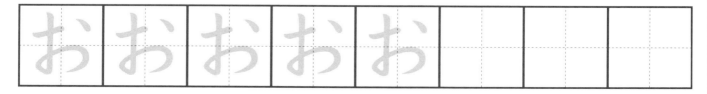

5. まねして かきましょう

文字（模写：字を書く）

★まねして かきましょう。

①

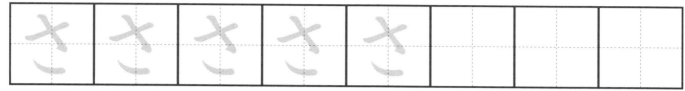

②

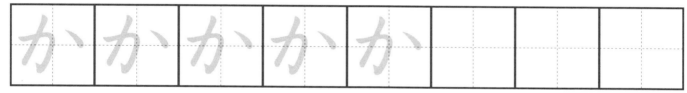

③

④

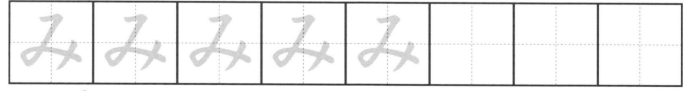

⑤

6. なにを しているのでしょうか?

文字 (形の見分け・文字：文字を読む①)

★ただしい えの□に まるを つけましょう。

◆「おかあさんが ほんを よんでいます」

◆「せんせいが じを かいています」

◆「おじさんが いぬと さんぽをしています」

6. なにを しているのでしょうか?

文字（形の見分け・文字：文字を読む①）

★ただしい えの□に まるを つけましょう。

◆ 「おばあちゃんから じてんしゃを もらいました」

◆ 「おかあさんから プレゼントを もらいました」

◆ 「おとうさんと かいものに いきました」

6. なにを しているのでしょうか？

文字（形の見分け・文字：文字を読む①）

★ただしい えの□に まるを つけましょう。

◆「レストランで りょうりを つくるひとがいます」

◆「こうじょうで でんしゃを つくるひとがいます」

◆「トラックで ものを はこぶひとがいます」

6. なにを しているのでしょうか?

文字（形の見分け・文字：文字を読む①）

★ただしい えの□に まるを つけましょう。

◆「びょうきの ひとを はこんでくれるひとです」

◆「かじのときに ひを けしてくれるひとです」

◆「びょうきのときに みて なおしてくれるひとです」

文字〔形の見分け・文字：文を読む②〕

★ぶんしょうには ぬけた ところがあります。
　えを みながら ぬけた ところに ことばを いれて
　よみましょう。

○○を
たべました。

ひとりで ○○○に
はいりました。

きのう ○○を
よみました。

7. ことばを いれて よみましょう

★ぶんしょうには ぬけた ところがあります。
　えを みながら ぬけた ところに ことばを いれて
　よみましょう。

きのう みんなと
○○に
いきました

おたんじょうかい
で○○○を
たべました。

おともだちと
○○○○を して
あそびました。

7. ことばを いれて よみましょう

文字（形の見分け・文字：文を読む②）

★ぶんしょうには ぬけた ところがあります。
　えを みながら ぬけた ところに ことばを いれて
　よみましょう。

うみに いきました。
いっぱい ○○○
ました。

やまに いきました。
きゅうな さかを
○○○ ました。

こうえんで
○○○あそびを
しました。

7. ことばを いれて よみましょう

文字（形の見分け・文字：文を読む②）

★ぶんしょうには ぬけた ところが あります。
　えを みながら ぬけた ところに ことばを いれて
　よみましょう。

おかあさんは
パン ○ かいました。

こうえんで
おとうさん ○
サッカー ○
しました。

おばあちゃん ○○
ゲーム ○
もらいました。

8. すうじを かきましょう

文字（数字②）

★すうじを かきましょう。

①

② ２

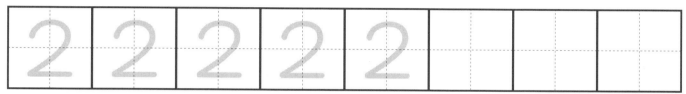

③ ３

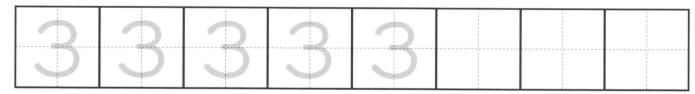

④ ４

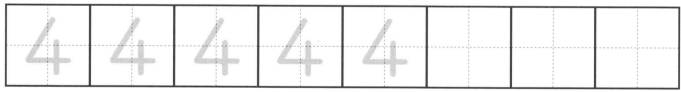

⑤ ５

8. すうじを かきましょう

文字（数字②）

★まねして かきましょう。

①

②

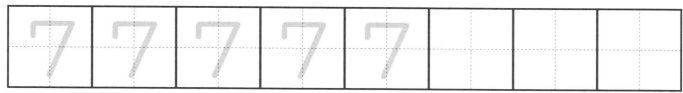

③

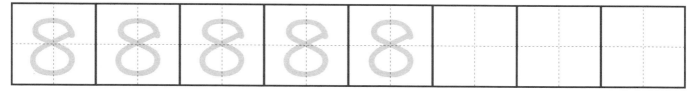

④

⑤

8. すうじを かきましょう

文字（数字②）

★あいている ところに ただしい すうじを かきましょう。

1-2-◯-◯-◯-6-◯-◯-9-◯

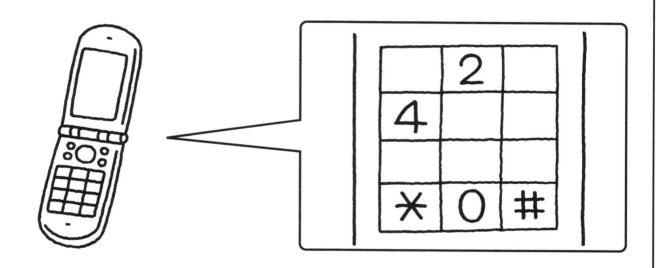

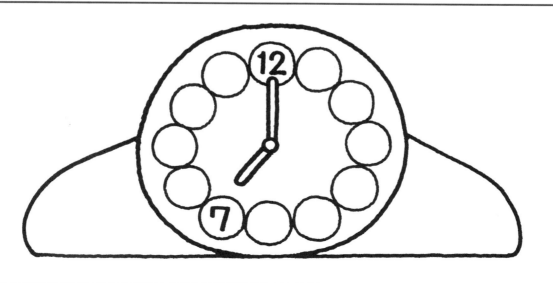

8. すうじを かきましょう

文字 (数字②)

★あいている ところに ただしい すうじを かきましょう。

かれんだあ
カレンダー 4 がつ

にちようび	げつようび	かようび	すいようび	もくようび	きんようび	どようび
		1		3		
		8				12
	14		16			19
		22			25	
			30			

32

9. いくつでしょうか?

★いくつでしょうか?
　かぞえて ただしい かずを かきましょう。

☐ わ

☐ にん

☐ こ

9. いくつでしょうか?

★いくつでしょうか?
かぞえて ただしい かずを かきましょう。

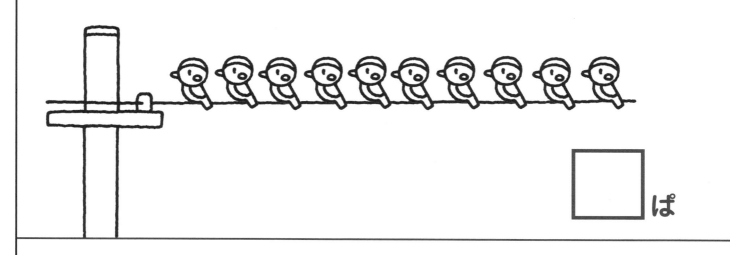

□ぱ

□りょう

□にん

9. いくつでしょうか?

★いくつでしょうか?
かぞえて ただしい かずの ばんごうを
まるで かこみましょう。

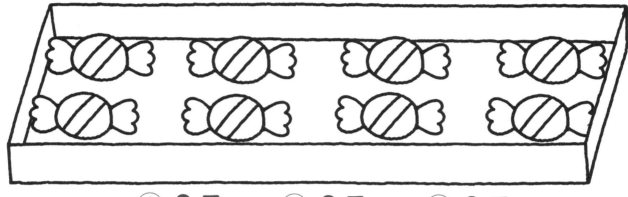

① 8こ　　② 6こ　　③ 9こ

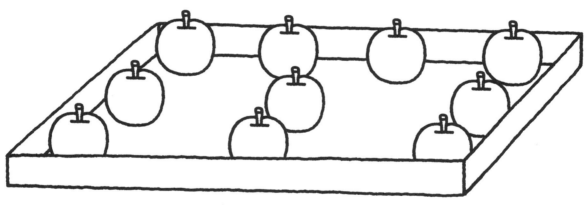

① 8こ　　② 10こ　　③ 7こ

① 10こ　　② 12こ　　③ 14こ

9. いくつでしょうか?

数（集合数③）

★いくつでしょうか?
　かぞえて ただしい かずの ばんごうを
　まるで かこみましょう。

① 12 わ　　② 15 わ　　③ 18 わ

① 15 にん　　② 19 にん　　③ 18 にん

① 20 こ　　② 15 こ　　③ 18 こ

10. どちらが ただしい でしょうか？

社会性（生活：一般知識）

★どちらが ただしい でしょうか？
　ただしい ようふくを きている この□に まるを つけましょう。

◆なつ です。

◆ふゆ です。

◆あめが ふっています。

10. どちらが ただしい でしょうか?

社会性（生活：一般知識）

★どちらが ただしい でしょうか?
　ただしい えの□に まるを つけましょう。

◆かいものを しています。

◆くるまに のっています。

◆おんせんに いきました。

10. どちらが ただしい でしょうか?

社会性（生活：一般知識）

★どちらが ただしい でしょうか?
ただしい えの □に まるを つけましょう。

◆しんごうが あか です。

◆でんしゃが きます。

◆みちを あるいています。

10. どちらが ただしい でしょうか?

社会性（生活：一般知識）

★どちらが ただしい でしょうか?
　ただしい えの□に まるを つけましょう。

◆あさ です。

◆ひる　しっているひとに あいました。

◆プレゼントを もらいました。

11. どちらが ただしい でしょうか?

社会性（役割を果たす：道徳①）

★どちらが ただしい でしょうか?
ただしい えの□に まるを つけましょう。

◆さらを はこんでいます。

ていねいに はこぶ □　　　ふざけて はこぶ □

◆コップを おきます。

がちゃんと おく □　　　そっと おく □

◆ようふくを しまいます。

おしこむ □　　　ていねいに しまう □

★どちらが ただしい でしょうか?
　ただしい えの□に まるを つけましょう。

◆おかあさんと いっしょにいます。

たたく 　□

はなす 　□

◆おともだちと いっしょにいます。

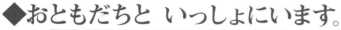

たたく 　□

はなす 　□

◆ちいさいこと いっしょにいます。

たたく 　□

はなす 　□

社会性（役割を果たす：道徳①）

★どちらが ただしい でしょうか？
　ただしい えの□に まるを つけましょう。

◆おはなしします。

にこにこ はなす　□　　　おこって はなす　□

◆おはなしします。

しずかに はなす　□　　　おおごえで はなす　□

◆おはなしします。

きょろきょろしながら
はなす　□　　　めを みて はなす　□

11. どちらが ただしい でしょうか?

社会性(役割を果たす:道徳①)

★どちらが ただしい でしょうか?
ただしい えの□に まるを つけましょう。

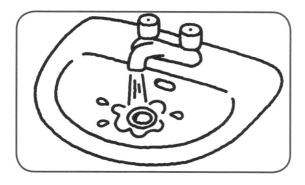

みずが だしっぱなし □

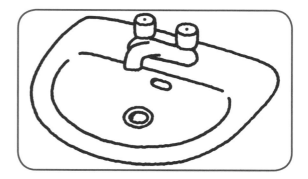

でていない □

だれも いないのに
でんきが ついている □

だれも いないから
でんきが きえている □

ごみを わけない □

しげんごみを わける □

12. どちらが ただしい でしょうか?

★どちらが ただしい でしょうか?
ただしい えの□に まるを つけましょう。

◆うさぎのせわを しています。

なでる □　　　しっぽを にぎる □

◆はなのせわを しています。

みずを やる □　　　かってに はなを とる □

◆きんぎょのせわを しています。

えさを やる □　　　ふざけて
てを いれる □

12. どちらが ただしい でしょうか?

社会性（役割を果たす：道徳②）

★どちらが ただしい でしょうか?
　ただしい えの□に まるを つけましょう。

◆さらを はこびます。

さらを はこぶ □

テレビを みる □

◆せんたくものを たたみます。

うえを あるく □

たたむ □

◆りょうりを てつだいます。

てつだう □

あそぶ □

12. どちらが ただしい でしょうか?

社会性(役割を果たす:道徳②)

★どちらが ただしい でしょうか?
　ただしい えの□に まるを つけましょう。

◆ちいさいこと いっしょに あるきます。

いっしょに あるく □　　　　　ひとりで さきに いく □

◆ともだちを おうえん します。

おうえんする □　　　　　ふざける □

◆ちいさいこが ころびました。

なぐさめる □　　　　　しらんぷりする □

12. どちらが ただしい でしょうか?

社会性(役割を果たす:道徳②)

**★どちらが ただしい でしょうか?
ただしい えの□に まるを つけましょう。**

せきを ゆずる □

しらんぷりする □

にもつを もつ □

にもつを もたない □

てを かす □

てを かさない □